BEI GRIN MACHT SICH IHR WISSEN BEZAHLT

- Wir veröffentlichen Ihre Hausarbeit,
  Bachelor- und Masterarbeit

- Ihr eigenes eBook und Buch -
  weltweit in allen wichtigen Shops

- Verdienen Sie an jedem Verkauf

**Jetzt bei www.GRIN.com hochladen
und kostenlos publizieren**

Bibliografische Information der Deutschen Nationalbibliothek:

Die Deutsche Bibliothek verzeichnet diese Publikation in der Deutschen National-
bibliografie; detaillierte bibliografische Daten sind im Internet über http://dnb.d-
nb.de/ abrufbar.

Impressum:

Copyright © 2014 GRIN Verlag, Open Publishing GmbH
Druck und Bindung: Books on Demand GmbH, Norderstedt Germany
ISBN: 9783668273146

Dieses Buch bei GRIN:

http://www.grin.com/de/e-book/324059/erinnerungskultur-in-deutschland-das-
luftbrueckendenkmal-in-wilhelmshaven

Nathalie Möller

Erinnerungskultur in Deutschland. Das Luftbrückendenkmal in Wilhelmshaven

GRIN Verlag

GRIN - Your knowledge has value

Der GRIN Verlag publiziert seit 1998 wissenschaftliche Arbeiten von Studenten, Hochschullehrern und anderen Akademikern als eBook und gedrucktes Buch. Die Verlagswebsite www.grin.com ist die ideale Plattform zur Veröffentlichung von Hausarbeiten, Abschlussarbeiten, wissenschaftlichen Aufsätzen, Dissertationen und Fachbüchern.

Besuchen Sie uns im Internet:

http://www.grin.com/

http://www.facebook.com/grincom

http://www.twitter.com/grin_com

Inhalt

1. Einführung

In diesem schriftlichen Referat im Rahmen des Geschichtsunterrichts und insbesondere des Themenfeldes „Erinnerungskultur" werde ich das Wilhelmshavener „Luftbrückendenkmal" vorstellen.

Das genannte Denkmal habe ich für meine Ausarbeitung ausgewählt, da es sich in meiner Heimatstadt, in unmittelbarer Nähe meines Zuhauses und damit an einem Ort befindet, an welchem ich nahezu täglich vorbeigehe, was meine Aufmerksamkeit geweckt hat. Ebenso finde ich die historischen Geschehnisse und deren Bedeutung für die Geschichte Deutschlands, aber auch den Einfluss dieser auf das Leben einzelner Personen sehr interessant.

Strukturiert habe ich mein Referat folgendermaßen; ich beginne mit einer Darstellung der geschichtlichen Ereignisse, an welche das Wilhelmshavener „Luftbrückendenkmal" erinnern soll. Dabei handelt es sich um die Berlin-Blockade und die folgende Luftbrücke nach West-Berlin sowie nach einer Erneuerung um die Berliner Mauer. Folglich werde ich das Denkmal genauer vorstellen und auf ähnliche Denkmale an anderen Standorten eingehen. Abschließend stelle ich einen Bezug zu dem Semesterthema meines Geschichtskurses, welches „Erinnerungskultur" lautet, her.

2. Berlin-Blockade und Luftbrücke

2.1 Der Weg zur Blockade

Nach dem Ende des Zweiten Weltkrieges erfolgte die Aufteilung Deutschlands zwischen den Siegermächten, der Sowjetunion, Großbritannien, den Vereinigten Staaten und Frankreich in Besatzungszonen *(siehe Anhang I.I)*. Gleichermaßen wurde die Hauptstadt aufgeteilt *(siehe Anhang I.II)*, obwohl sie als neutrale Zone gelten sollte. Geografisch lag Berlin jedoch in der sowjetischen Besatzungszone, welche nun alleinigen Anspruch auf die Stadt forderte.[1]

Auf der Potsdamer Konferenz war die wirtschaftliche Einheit des gesamten Deutschlands vereinbart worden. Die Realität dagegen sah anders aus; jede der Besatzungsmächte betrieb im eigenen Gebiet eine eigenständige Wirtschaftspolitik, sodass die einzelnen Zonen zunehmend voneinander isoliert wurden.[2]

Aufgrund hoher Kriegskosten und einer inflationären Geldpolitik, welche zustande kam, nachdem seit 1933 von den Nationalsozialisten viel mehr Geld im Umlauf gebracht worden war, als der eigentlichen Wirtschaftsleistung und der Kaufkraft entsprochen hätte, verlor die mittlerweile fast wertlose Reichsmark nach dem Krieg ihre Geltung als offizielle Währung.

---

1 Vgl. **Die Berliner Luftbrücke**; 11.04.2014
2 Vgl. **Geschichte und Geschehen** 5/6;S. 165

Eine Währungsreform war also dringend notwendig, sodass am 20. Juni 1948 im Westen Deutschlands die Deutsche Mark eingeführt wurde. Die Westsektoren Berlins wurden dabei zunächst ausgeschlossen, da die Stadt von allen vier Alliierten gemeinsam verwaltet wurde und so auch eine gemeinsam kontrollierte Währung angemessen schien. Die Sowjetunion jedoch führte am 23. Juni desselben Jahres in ihrer Zone sowie im gesamten Berlin ihre Währungsreform der Ostmark durch. Dies wurde allerdings im westlichen Stadtgebiet für ungültig beschlossen, sodass dort die westliche Deutsche Mark eingeführt werden konnte. Diese geteilte Währungsreform verstärkte die deutsche Spaltung enorm und Berlin geriet dabei in das Zentrum der Auseinandersetzungen.[3]

2.2 Die Berlin-Blockade

Die Gegenreaktion der Sowjetunion folgte unmittelbar. In der Nacht vom 23. auf den 24. Juni 1948 wurde die gesamte Stromversorgung nach West-Berlin durch das Großkraftwerk Zschornewitz unterbrochen.[4]

Am Morgen folgte eine Fortsetzung der Blockade; eine Unterbrechung des gesamten Versorgungsverkehrs, sodass weder Straßen oder Bahnlinien, noch Schifffahrtswege zwischen Berlin und den Westzonen genutzt werden konnten. Die sowjetische Besatzung strebte dabei auf eine Teilung Berlins hin, indem sie Berlin so von den Westzonen trennte bzw. die Westmächte dazu drang, ihren Anspruch auf Berlin vollkommen abzugeben. Aufgrund der großen Zerstörungen, welche der Krieg in West-Berlin hinterlassen hatte, war eine eigene Versorgung mit allen notwendigen Mitteln nicht möglich, sodass Westberlin sich in einer besonders kritischen Lage befand.[5]

2.3 Die Luftbrücke

Diese Reaktion der Blockade verletzte den Viermächtestatus Berlins, welcher auf der Potsdamer Konferenz vertraglich geregelt worden war. So beschlossen die Westmächte die Versorgung der Westberliner über eine Luftbrücke.[6] Die Nutzung der drei Luftkorridore, welche als einzige Möglichkeit der Versorgung übrig geblieben war, war durch ein schriftliches Abkommen gesichert.[7] Schließlich waren 927 Flugzeuge aus Großbritannien, Frankreich und den USA im Einsatz, welche im Abstand von 90 Sekunden auf dem Flughafen Tempelhof landeten, Tag und Nacht *(siehe Anhang I.III)*. Befördert werden konnten so große

---

3 Vgl. **Geschichte Kompakt**; 11.04.2014; **Geschichte und Geschehen 5/6**; S.165
4 Vgl. **Wikipedia: Berlin-Blockade**; 11.04.2014
5 Vgl. **Die Berliner Luftbrücke**; 11.04.2014
6 Vgl. **Geschichte Kompakt**; 11.04.2014
7 Vgl. **Geschichte und Geschehen 5/6**; S.166

3

Mengen an Lebensmitteln, Medizin, Kohle und vieler anderer Mittel, welche zur Erhaltung der Berliner selbst und ihrer Wirtschaft notwendig waren.[8]

Schließlich gaben die Sowjets nach, da die Besatzungsmächte und die Westberliner durchhielten und ihr Plan der Übernahme ganz Berlins scheiterte. Man konnte wieder auf dem Landweg nach Westberlin fahren, sodass die Luftbrücke eingestellt wurde. Vom 24. Juni 1948 bis zum 12. Mai 1949 wurden die Westberliner also ausschließlich aus der Luft mit Nahrung und anderen Gütern beliefert.[6] In diesen elf Monaten der Blockade wurden auf dem Luftweg in über 250.000 Flügen etwa 2,5 Millionen Tonnen Güter nach Berlin geschafft. Die Luftbrücke rettete die Westberliner vor dem Verhungern, einige Menschen mussten jedoch dafür sterben.[8]

> *„20 Amerikaner und 29 Briten gaben ihr Leben dafür hin, dass zwei Millionen Menschen nicht Freiheit und Menschenrechte einer Diktatur opfern mussten. "*
> - Notiz von Reportern9

3. Die Berliner Mauer

3.1 Vorgeschichte

Im Jahr 1949 trug sich die Gründung eines doppelten Staates bei, welcher zunächst nur vorläufigen Charakter haben sollte. Dabei wurde die westliche Trizone am 23. Mai zur Bundesrepublik Deutschland (BRD), die sowjetische Besatzungszone, der Osten Deutschlands am 7. Oktober desselben Jahres zur Deutschen Demokratischen Republik (DDR) mit Berlin als Hauptstadt.[10]

Ab 1952 gab es eine Art Abriegelung der DDR zum Westen hin durch die sowjetische Regierung. Diese innerdeutsche Grenze, welche etwa 1400 km lang war und so von Bayern bis an die Ostsee reichte, bestand aus Sicherungen durch Zäune, Alarmvorrichtungen und Bewachungen sowie eine mehrere Kilometer breite Sperrzone *(siehe Anhang II.I)*. Zudem gab es Kontrollen auf den in den Westen führenden Straßen durch die Volkspolizei. Die Grenze teilte Landschaften und Siedlungen und zerschnitt Straßen- sowie Eisenbahnlinien, sodass Bewohner aus der unmittelbaren Nähe der innerdeutschen Grenze in andere Wohnhäuser umgesiedelt werden mussten. Weiter wurde im Westteil Berlins die Telefonverbindung gekappt. Die innerdeutsche Grenze prägte bereits das Leben von Millionen Menschen.[11]

---

8 Vgl. **Buchwald, Tom:** Berlin; S. 48/49
9 zitiert nach **Buchwald, Tom:** Berlin, S.49
10 Vgl. **Wikipedia:** Berlin-Blockade; 14.04.2014
11 Vgl. **ebenda; Planet Wissen:** Die Berliner Mauer; 14.04.2014

3.2 Warum der Mauerbau?

Die DDR kämpfte mit dem Problem der Grenzgänger und Flüchtlinge. So gab es Ost-Berliner, welche legal in den Westsektoren arbeiten konnten und einen Teil des Einkommens in der westlichen Währung D-Mark erhielten. Dadurch konnten sie sich Urlaubsreisen nach Westdeutschland oder in das westliche Ausland, aber auch Anschaffungen von hochwertigen Westwaren finanzieren. Zwischen 1949 und 1961 gab es einen Flüchtlingsstrom aus der DDR und Ost-Berlin, welcher etwa 2,7 Millionen Menschen umfasste und zu einem großen Teil aus jungen, qualifizierten Leuten bestand. Für die DDR bedeutete dieser Flüchtlingsstrom eine Verstärkung der Wirtschaftskrise und des Arbeitskräftemangels in sehr kritischem Maße, sodass die DDR ganz kurz vor dem gesellschaftlichen und wirtschaftlichen Zusammenbruch stand.[12]

Zuletzt gab es sogar 3190 Flüchtlinge an nur einem einzigen Tag.[10]

3.3 Der Mauerbau

Während der Chef der Sozialistischen Einheitspartei Deutschland, der regierenden Partei der DDR im Juni 1961 noch öffentlich versicherte, keine Mauer bauen zu wollen, sah es im August schon ganz anders aus.

„Niemand hat die Absicht, eine Mauer zu errichten!"

- Walter Ulbricht, SED-Chef, 15. Juni 1961[13]

Nachdem am 12. August 1961 zunächst harmlos erscheinende Planungen angekündigt worden waren, wurden am frühen Morgen des folgenden Tages vorläufig provisorische Absperrungen an der Grenze eingerichtet.

*„Zur Unterbindung der feindlichen Tätigkeit der revanchistischen und militaristischen Kräfte Westdeutschlands und West-Berlins wird eine solche Kontrolle an der Grenze der Deutschen Demokratischen Republik einschließlich der Grenze zu den Westsektoren von Groß-Berlin eingeführt, **wie sie an den Grenzen jedes souveränen Staates üblich ist.**"*

- Ministerrat der DDR, 12. August 1961[14]

Durch die Volkspolizei, sogenannte Betriebskampfgruppen und die Nationale Volksarmee wurde die Grenze erst einmal aus Betonpfeilern und Stacheldraht errichtet.[15] Von einem Tag auf den anderen waren so Straßen, Plätze und Wohnanlagen geteilt sowie der Nahverkehr

12 Vgl. **Berlin.de:** Der Bau der Berliner Mauer; **Planet Wissen:** Die Berliner Mauer; 14.04.2014
13 Zitat nach **Planet Wissen:** Die Berliner Mauer; 14.04.2014
14 Zitat nach **Berlin.de:** Der Bau der Berliner Mauer; 14.04.2014
15 Vgl. **Planet Wissen:** Die Berliner Mauer; 14.04.2014

unterbrochen. Viele Menschen wurden plötzlich und unangemeldet von Familie und Freunden getrennt und konnten sich nicht mehr von einem in einen anderen Stadtteil bewegen.

"(...) Der Senat von Berlin erhebt vor aller Welt Anklage gegen die widerrechtlichen und unmenschlichen Maßnahmen der Spalter Deutschlands, der Bedrücker Ost-Berlins und der Bedroher West-Berlins (...)."

- Bürgermeister Brandt, am Abend des 13. August[14]

In den nächsten Tagen und Monaten entstand eine etwa 43 Kilometer lange Mauer aus bis zu vier Meter hohen Betonplatten sowie um ganz Westberlin befestigte Sperranlagen. Die Mauer wurde begrenzt von Gräben, später kamen zudem Selbstschussanlagen sowie Laufanlagen für Wachhunde und Wachtürme zum Einsatz. Die Sperranlagen wurden immer weiter ausgebaut bis das Kontrollsystem perfektioniert war und die Grenze nahezu unüberwindbar. Als „antifaschistischen Schutzwall" feierte die Führung der DDR den Mauerbau als „Sieg des sozialen Lagers über den westlichen Imperialismus"[16]. Zwischen den Jahren 1961 und 1988 versuchten mehr als 100.000 Bürger der DDR über die Grenze zu fliehen. Mehr als 600 Menschen starben dabei bei den Fluchtversuchen oder wurden von Grenzsoldaten erschossen.[17]

Es gab jedoch auch immer wieder Berichte über gelungene Fluchtversuche, so wurden beispielsweise alte Sport- und Agrarflugzeuge zur Überwindung der Elbe genutzt. Auch gab es professionelle Fluchthelfer, welche Flüchtlinge durch die Sperranlagen leiteten.[18]

3.4 Der Mauerfall

Nachdem ab Mai 1989 in Ungarn ohne Absprache ein Abbau der Sperranlagen an der Westgrenze begonnen wurde, gab es gewaltige Flüchtlingsbewegungen. Seit September des Jahres galt das Überschreiten der Grenze sogar als legal, sodass täglich Tausende nach Ungarn reisten. Proteste und Demonstrationen sowie sogar Friedensgebete in der DDR nahmen zu, die DDR-Regierung geriet so immer mehr unter Druck. Am Abend des 9. November 1989 auf einer Pressekonferenz gab Günther Schabowski, der Sprecher der DDR-Regierung „in einer überstürzten und missverständlichen Aktion"[20] die freie Reisemöglichkeit in den Westen und somit über die Grenzen bekannt. Die Nachfrage eines italienischen Journalisten nach dem Zeitpunkt der Gültigkeit des eben verkündeten neuen Reisegesetzes beantwortete Schabowski mit dem berühmten Satz: „Das tritt nach meiner Kenntnis... ist das sofort, unverzüglich." So strömten sofort zehntausende Menschen zu den Sektorenübergängen,

---

16 Zitat nach **Berlin.de:** Der Bau der Berliner Mauer; 14.04.2014
17 Vgl. **Berlin.de:** Der Bau der Berliner Mauer; 14.04.2014
18 Vgl. **Geschichte und Geschehen 5/6;** S. 233
19 Zitat nach **Geschichte und Geschehen 5/6;** S.266

um in den Westteil Berlins zu gelangen. Die unwissenden Grenzbeamten, welche noch nicht über die neuen Reiseregelungen informiert worden waren, versuchten hilflos, die Masse aufzuhalten. Nach wenigen Stunden, als das „Westfernsehen" bereits seine Kameras installiert und die überraschende Nachricht bestätigt hatte, wurden die Übergänge jedoch geöffnet. Die Mauer war somit gefallen *(siehe Anhang II.II)* und der erste große Schritt zur Deutschen Einheit getan.[21]

„Wildfremde Leute lagen sich vor Freude in den Armen."[22]

4. Das Wilhelmshavener Denkmal

Das Wilhelmshavener Luftbrückendenkmal befindet sich am Berliner Platz, ganz in der Nähe des Rathauses *(siehe Anhang III.I)*. Im Jahr 1964 gab es einen Ideenwettbewerb zur Gestaltung des bereits geplanten Denkmals.

„Auf dem Platz soll eine Plastik erstellt werden, die das derzeitige Schicksal Berlins versinnbildlicht und ein Symbol des Ringens, der ehemaligen Hauptstadt um Freiheit und Frieden darstellt." - Textauszug der Ausschreibung des Ideenwettbewerbs 1964 Gewonnen hat diesen Wettbewerb der Architekt Dipl. Ing. Hans G. Harms, dessen Entwurf eine Mauer mit einer Wasserfläche vorsah, welche von zwei geteilten Betonbogen überspannt wird. Im Jahr 1967 und somit sechs Jahre nach dem Berliner Mauerbau wurde der Entwurf schließlich umgesetzt *(siehe Anhang III.II)*. Erst einmal sollte das Denkmal die Situation des geteilten Berlin zur Zeit der Blockade versinnbildlichen und die Überwindung alles Trennendem darstellen. Die Betonbögen stehen dabei für die Erinnerung an die reale Luftbrücke, welche die damals noch symbolische Mauer überwinden konnte und somit die Freiheit der Berliner verteidigen konnte.

Im Jahr 1999 fand eine Rundumerneuerung des Berliner Platzes einschließlich des Denkmals statt. Dem Denkmal wurde eine neue Bedeutung zugesprochen, der Fall der Berliner Mauer und somit die deutsche Einheit.[23] Die zuvor nur als Symbol fungierende Mauer stellt vermutlich in diesem Zusammenhang einen Teil der realen Berliner Mauer dar. Die Bögen versinnbildlichen nun die Überwindung dieser und somit die deutsche Zusammengehörigkeit. Durch einen Schriftzug *(siehe Anhang III.III)* wurde der neue, aktuelle Bezug verdeutlicht:

„9.11.1989 3.10.1990 DIE MAUER TRENNT NICHT MEHR"

Das erste Datum (9.11.1989) beschreibt den Tag des Mauerfalls, das zweite (3.10.1990) den Tag der Deutschen Einheit, welcher als gesetzlicher Feiertag beschlossen worden war.

---

20 Vgl. **ebenda; N24:** Mauerfall und Wiedervereinigung; 18.04.2014
21 Zitat nach **Planet Wissen:** Die Berliner Mauer; 14.04.2014
22 Vgl. **Airlift Anniversary:** Das Denkmal „Luftbrücke" in Wilhelmshaven; 18.04.2014

5. Andere Denkmäler

Bei der Recherche zum Luftbrückendenkmal in Wilhelmshaven bin ich auf einige weitere, ähnliche Denkmäler gestoßen, welche auf dasselbe historische Ereignis aufmerksam machen und erinnern sollen.

Das erste Luftbrückendenkmal in Berlin *(siehe Anhang IV.I)* war ursprünglich als Einzelstück geplant und wurde im Jahr 1951 nach den Plänen Eduard Ludwigs am Platz der Luftbrücke vor dem Flughafen Tempelhof errichtet. Die Skulptur besteht aus einem leichten, nach oben ragenden Bogen, welcher mit drei Streben (auch „Krallen" genannt) abschließt. Das Denkmal ist nach Westen ausgerichtet, sodass die Streben die drei Luftkorridore zwischen West-Berlin und der damaligen Trizone versinnbildlichen. Umgangssprachlich wird das Denkmal auch als „Hungerharke" oder „Hungerkralle" bezeichnet, da die Luftbrücke zur Versorgung der Berliner diente und somit das Hungern dieser verhinderte. Am Rundsockel ist die Inschrift *„Sie gaben ihr Leben für die Freiheit Berlins im Dienste der Luftbrücke 1948/1949"* zu lesen, darunter sind die Dienstgrade und Namen aller bei den Unfällen Verstorbenen als Erinnerung an die Berliner Luftbrücke und vor allem ihre Opfer verzeichnet.

Das erste Duplikat des Denkmals *(siehe Anhang IV.II)* wurde 1985 in Frankfurt am Main aufgestellt. Am Sockel befinden sich hier Metalltafeln, welche eine Gedenkschrift sowie die Namen der Opfer umfassen. Neben dem Denkmal sind eine Douglas-47 und eine Douglas C-54 platziert, Flugzeugtypen, welche bei der Luftbrücke eine besonders große Rolle spielten.

Eine weitere Nachbildung steht in Celle-Wietzenbruch, an der Landesstraße 310 am Abzweig zum Fliegerhost Celle *(siehe Anhang IV.III)* und wurde am 24. Juni 1988 und damit genau 40 Jahre nach dem Beginn der Berlin-Blockade aufgestellt. Im September 1985 wurde der Bau dessen vom damaligen Celler Ratsmitglied Karl Duffner bei der Stadtverwaltung im Hinblick auf den 40. Jahrestag der Berlin-Blockade zum Gedenken an dessen Opfer sowie die Rolle des Fliegerhorstes in Wietzenbruch beantragt. Mit den drei symbolischen „Krallen" weist das Celler Denkmal in Richtung Berlin.[24]

Im Vergleich mit dem Denkmal in Wilhelmshaven fällt besonders auf, dass das Denkmal in Berlin sowie dessen Duplikate besonders dem Gedenken der Opfer zu dienen scheinen, während in Wilhelmshaven keine Gedenktafel angebracht ist.

---

23 Vgl. **Wikipedia:** Luftbrückendenkmal; 18.04.2014

6. Bezug zur Erinnerungskultur

Ganz allgemein wird die **Geschichtskultur** definiert als „Gesamtheit aller öffentlichen Erscheinungs-, Verwendungs- und Aneignungsformen von Geschichte", im Vordergrund stehen dabei die Felder und Formate der Vermittlung dieser. Bei der **Erinnerungskultur** geht es hingegen mehr um die gegenwartsbezogene Nutzung des Vergangenen.[25]

Das Luftbrückendenkmal kann als eine öffentliche Erscheinungsform von Geschichte, als einen Teil der Erinnerungskultur angesehen werden und übt somit einen Einfluss auf das **Geschichtsbewusstsein** der Menschen aus. Durch das Denkmal wird die Erinnerung an einen „Fixpunkt", ein bedeutsames Ereignis der Geschichte, welches hier zuerst die Berlin-Blockade und die folgende Luftbrücke, aber auch der Mauerfall darstellt, gefördert.

Der von Maurice Halbwachs geprägte Begriff des „**kollektiven Gedächtnis**" bezeichnet eine Erinnerungsform, welche sich durch eine Gruppe von Menschen entwickelt und immer einen Erinnerungsort mit identitätsstiftender Funktion besitzt, wobei es sich sowohl um einen symbolhaften, als auch um einen realen, geografisch bestimmbaren Ort handeln kann. Die tragende Menschengruppe umfasst in diesem Fall vor allem Personen, welche 1949 bzw. 1989 in Berlin gelebt haben, welche also die Luftbrücke und den Mauerfall selbst miterlebt haben. Als Erinnerungsort kann hier die Berliner Mauer oder vielmehr die noch bestehenden Reste dieser gesehen werden; als symbolischer Ort für die Berlin-Blockade, für welche kein exakt bestimmbarer realer Erinnerungsort existiert, aber auch als realer Ort für den Mauerfall.[26]

Das kollektive Gedächtnis kann jedoch nach Jan und Aleida Assmann noch unterteilt werden in das kommunikative und das darauf folgende kulturelle Gedächtnis. Die Träger des **kommunikativen Gedächtnisses** sind dabei die Zeitzeugen der beschriebenen Ereignisse, der Luftbrücke und des Mauerfalls. Gespeichert werden die Geschehnisse als Erinnerung in organischen Gedächtnissen, also als eigene Erfahrungen oder durch Erzählungen von anderen Personen wie Verwandten. Die Ereignisse werden aus persönlicher, subjektiver Sicht gespeichert. Zudem ist das kommunikative Gedächtnis begrenzt auf den mündlichen Austausch (Oral History), wodurch es nur etwa drei bis vier Generationen bestehen bleibt. Heute leben noch Menschen, die die beschriebenen Ereignisse selbst miterlebt haben, das kommunikative Gedächtnis besteht also noch. Ab einem gewissen Zeitpunkt sollten diese Erfahrungen dauerhaft sichergestellt werden. Hier beginnt der Übergang in das **kulturelle Gedächtnis**. Sind alle Zeitzeugen verstorben, liegen die Ereignisse „in einer absoluten

---

24 Vgl. **Geschichte und Geschehen, Themenheft:** Geschichts- und Erinnerungskultur; S. 17
25 allgemeine Grundlagen nach **Geschichte und Geschehen, Themenheft:** Geschichts- und Erinnerungskultur; S. 17

Vergangenheit". Formen des kulturellen Gedächtnisses (wird getragen von spezialisierten Traditionsträgern), sind gestiftet und geprägt durch einen hohen Grad an Geformtheit. Das Luftbrückendenkmal umfasst sowohl eine bildliche und eine schriftliche Geformtheit (Inschrift), als eine rituelle Geformtheit im Sinne einer institutionalisierten Kommunikation. Gespeichert werden die Erinnerungen unter anderem in festen Objektivationen. Bezogen auf das Denkmal kann dies als Vergegenständlichung verstanden werden, jedoch auch als vom Subjektiven Abweichenden, denn das Denkmal stellt keine individuellen Erfahrungen und somit subjektive Sichtweisen mehr dar wie es zuvor im kommunikativen Gedächtnis der Fall gewesen ist, sondern eine neutrale Erinnerung an das Geschehene.27

---

26 allgemeine Grundlagen nach **Geschichte und Geschehen, Themenheft:** Geschichts- und Erinnerungskultur; S. 17, 20

7. Quellenverzeichnis

7.1 Internetquellen:

Airlift Anniversary: Das Denkmal „Luftbrücke" in Wilhelmshaven; URL: http://www.airlift-anniversary.de/wilhelmshaven.html

Architektur Bildarchiv: Luftbrückendenkmal Wilhelmshaven; URL: http://www.architektur-bildarchiv.de/image/Luftbr%C3%BCckendenkmal-Wilhelmshaven-36777.html

Berliner Luftbrücke; URL: http://www.berlinerluftbruecke.de/

Berlin.de: Der Bau der Berliner Mauer; URL: https://www.berlin.de/mauer/geschichte/index.de.html

Geschichte Kompakt: Berlin-Blockade; URL: http://www.geschichte-abitur.de/nachkriegszeit/berlin-blockade-2

N24: Mauerfall und Wiedervereinigung; URL: http://www.n24.de/n24/Wissen/History/d/1275236/mauerfall-und-wiedervereinigung-1989-1990.html

Planet Wissen: Die Berliner Mauer; URL: http://www.planet-wissen.de/politik_geschichte/ddr/die_berliner_mauer/index.jsp

Wikipedia: Berlin-Blockade; URL: http://de.wikipedia.org/wiki/Berlin-Blockade

Wikipedia: Luftbrückendenkmal; URL: http://de.wikipedia.org/wiki/Luftbr%C3%BCckendenkmal

7.2 Literatur

Buchwald, Tom: Berlin. Vergewaltigte Stadt, 2005, Berlin

Bender, Daniela u.a.: Geschichte und Geschehen. Schülerband 5/6, 2006, Leipzig

Sauer, Michael (Hrsg): Geschichte und Geschehen, Themenheft. Geschichts- und Erinnerungskultur: Nationale Gedenk- und Feiertage in verschiedenen Ländern. Mythen, 2012, Stuttgart

8. Anhang

I. Zur Blockade und Luftbrücke

I.I Die Besatzungszonen

I.II Teilung Berlins

I.III Luftbrücke: Flugzeug im Einsatz

II. Zur Berliner Mauer

II.I Die Sperranlagen

III. Zum Wilhelmshavener Denkmal

III.I Lage des Denkmals

III.II Das Denkmal

III.III Die Inschrift

VI. Zu anderen Denkmälern

VI.I Luftbrückendenkmal Berlin

VI.II Luftbrückendenkmal Frankfurt

VI.III Luftbrückendenkmal Celle

I. Zur Berlin-Blockade und Luftbrücke

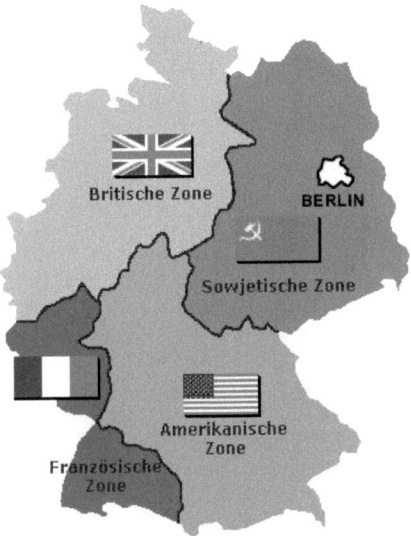

I.I: Die Besatzungszonen Deutschlands nach dem Zweiten Weltkrieg,
http://upload.wikimedia.org/wikipedia/de/3/30/Besatzungszonen.png

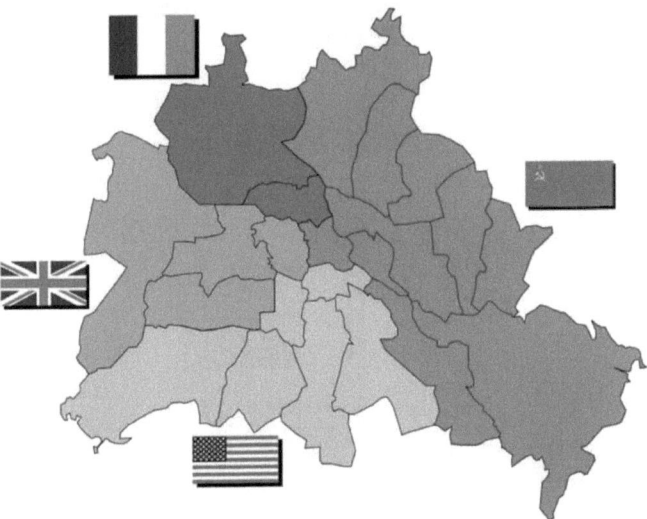

I.II: Teilung Berlins, https://upload.wikimedia.org/wikipedia/commons/thumb/1/19/Berlin_Blockade-map.svg/774px-Berlin_Blockade-map.svg.png

I.III: Luftbrücke: Flugzeug im Einsatz,

http://upload.wikimedia.org/wikipedia/commons/d/d8/C54landingattemplehof.jpg

II. Zur Berliner Mauer

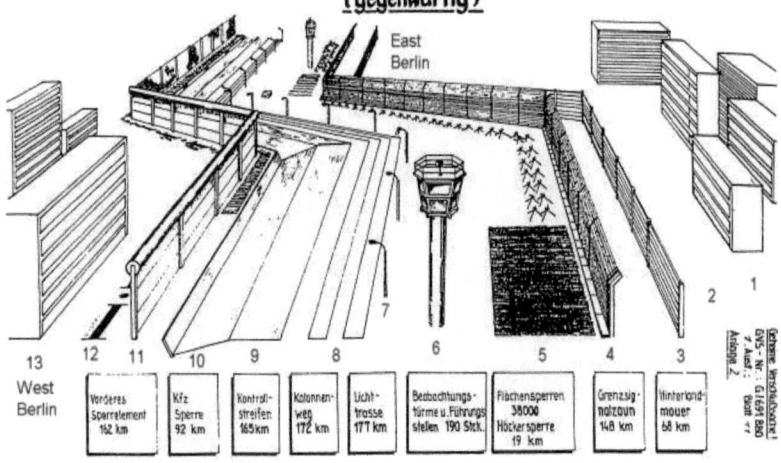

II.I: Die Sperranlagen,

http://www.berlinermaueronline.de/xgraphics/fotos/geschichte/grenzanlagen.jpg

III. Zum Wilhelmshavener Denkmal

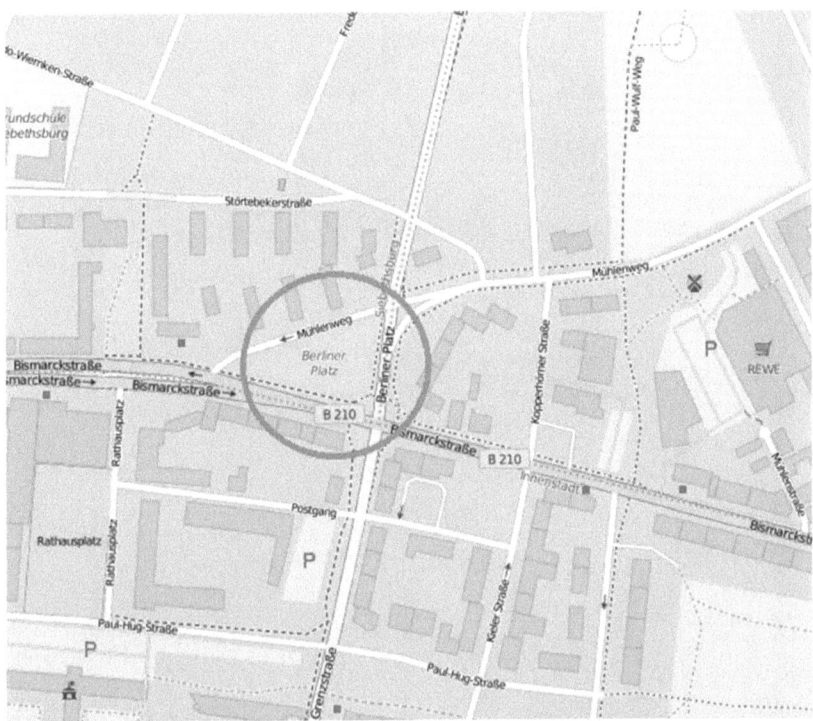

III.I: Lage des Denkmals, © OpenStreetMap-Mitwirkende, http://www.openstreetmap.org/copyright,

Geo-URI geo:53.5289,8.1102?z=16

III.II: Das Denkmal (eigene Fotografien)

III.III: Die Inschrift (eigene Fotografie)

IV. Zu anderen Denkmälern

IV.I: Luftbrückendenkmal Berlin,

https://upload.wikimedia.org/wikipedia/commons/4/47/Flughafen_Berlin_Tempelhof_Luftbr%C3%B Cckendenkmal_2008_Foto_Wolfgang_Pehlemann_Wiesbaden_PICT0083.jpg

IV.II: Luftbrückendenkmal Frankfurt,

https://upload.wikimedia.org/wikipedia/commons/4/4a/FRA_Airlift_Memorial_Douglas_C47_USAF_ DC3.jpg

IV.III: Luftbrückendenkmal Celle,

http://upload.wikimedia.org/wikipedia/commons/5/5d/Luftbrueckendenkmal_Celle.jpg

BEI GRIN MACHT SICH IHR WISSEN BEZAHLT

- Wir veröffentlichen Ihre Hausarbeit,
  Bachelor- und Masterarbeit

- Ihr eigenes eBook und Buch -
  weltweit in allen wichtigen Shops

- Verdienen Sie an jedem Verkauf

Jetzt bei www.GRIN.com hochladen und kostenlos publizieren